Em mãos III

César Pereira
Dilan Camargo
Humberto Zanatta
José Eduardo Degrazia
Paulo Roberto do Carmo
Selvino Heck
Tarso Genro
Umberto Guaspari Sudbrack

Em mãos III

Organização de José Eduardo Degrazia

L&PM EDITORES

Texto de acordo com a nova ortografia.

Capa: Ivan Pinheiro Machado
Foto da contracapa: Caco Argemi / Palácio Piratini. Da esquerda para a direita: Umberto Guaspari Sudbrack, Humberto Zanatta, Dilan Camargo, Selvino Heck, Airton Michels, José Eduardo Degrazia, Tarso Genro e César Pereira.
Revisão: Fernanda Lisbôa e Caren Capaverde

CIP-Brasil. Catalogação na fonte
Sindicato Nacional dos Editores de livros, RJ

E44

Em mãos III / César Pereira ... [et al.]; organização de José Eduardo Degrazia. – Porto Alegre, RS: L&PM, 2012.
184p. : 21 cm

ISBN 978-85-254-2729-8

1. Poesia brasileira - História e crítica. 2. Poetas brasileiros - História e crítica. 3. Escritores brasileiros - História e crítica. I. Pereira, César. II. Degrazia, José Eduardo, 1951-.

12-6576. CDD: 869.91
CDU: 821.134.3(81)-1

Rua Comendador Coruja, 314, loja 9 – Floresta – 90220-180
Porto Alegre – RS – Brasil / Fone: 51.3225.5777 – Fax: 51.3221.5380

Pedidos & Depto. comercial: vendas@lpm.com.br
Fale conosco: info@lpm.com.br
www.lpm.com.br

Impresso no Brasil
Primavera de 2012

SUMÁRIO

NOTA DO ORGANIZADOR

No início dos anos 70 um grupo de jovens uniu-se para formar uma cooperativa, o Grupo Vereda. Tinha por finalidade publicar livros de autores que estavam surgindo e, principalmente, posicionar-se diante da situação política dominante: o período militar. Esses escritores acreditavam na palavra como manutenção da liberdade, na poesia como comunhão entre os seres e que através da palavra seria possível alcançar um mundo melhor para todos. Assim, foi lançada a antologia *Em mãos*, no ano de 1976, pela Lume Editora, com os poetas César Pereira, Dilan Camargo, Humberto Zanatta, José Eduardo Degrazia, Selvino Heck e Umberto Guaspari Sudbrack; foi prefaciada por Tarso Genro, que com Carlos Carvalho liderara todo o processo de organização da cooperativa, atraindo escritores como Moacyr Scliar, Sergio Faraco, Aldyr Garcia Schlee, Antônio Hohlfeldt, Laury Maciel e muitos outros. Esse núcleo seria o responsável, no ano de 1981, com os escritores Luiz de Miranda, Donaldo Schüler, Ivo Bender, Assis Brasil, Jaime Cimenti e tantos outros, pela criação da Associação Gaúcha de Escritores, que teria o poeta Luiz de Miranda como primeiro presidente.

Alguns dos participantes da primeira antologia tinham uma trajetória firmada, como o poeta César Pereira, que teve seu primeiro livro publicado em 1960 – *Carrossel de cinzas*; os demais estavam na faixa dos vinte anos e começavam a publicar seus livros. Todos continuaram seus caminhos ao longo dos anos, firmando-se como uma geração duradoura e produtiva não só na arte literária, mas também na política e nas profissões a que se dedicaram. Em 2002, lançamos *Em mãos II*, pela WS Editora. Essa antologia tem os mesmos seis participantes originais e um convidado especial, Prado Veppo. Conta também com a participação de Paulo Roberto do Carmo e de Tarso Genro, desta vez, como poeta. Passados 36 anos do lançamento da primeira antologia, podemos ter uma visão crítica que nos faz acreditar não ter sido inútil o trabalho; que essa geração deixou marcada uma presença forte na literatura do Rio Grande do Sul, nas atividades liberais e na condução dos negócios públicos. Algum leitor mais cético poderá perguntar se todos aqueles sonhos e utopias foram realizados. E eu responderia que só o tempo terá a resposta definitiva, mas de uma coisa tenho certeza, não nos omitimos quando a hora exigia. E nossos poemas foram semente adubada na terra da esperança. Vivemos e produzimos. Não ficamos parados – fizemos o nosso caminho, e o resto não é silêncio, mas história e poesia.

ESTUDO INTRODUTÓRIO

*Cícero Galeno Lopes**

Em mãos III aparece como afirmação de que a arte não apenas encanta e faz pensar, mas também elabora a memória social e constrói história. "A arte não acompanha a história; ela faz história", em palavras de Donaldo Schüler. Esses são sentimentos de quem relê *Em mãos* (1976), *Histórias ordinárias* (1977), *De corpo presente* (1979), *Em mãos II* (2002) e vasculha as peças poéticas deste *Em mãos III*, admirável produção do Grupo Vereda.

César Pereira abre a antologia. Mantém e aprimora recursos sem desdizer as primeiras participações no Grupo Vereda: "só não passa / o que for poesia". Tematicamente alinhado aos sofrimentos dos semelhantes, como em "Réu milenar", destaca o homem que constrói o mundo comum e, por isso, essencial. Estilisticamente refinado, é capaz de, em três versos breves, como em "Pescador", dizer, expressar e sugerir simultaneamente. Expressa, porque seu dizer é íntimo e geral. A sugestividade, nesses mesmos três versos, tem na imagem da letra "i" o prumo do que diz:

> Pescador
> frágil equilíbrio
> sobre as águas

* Doutor em Letras pela UFRGS, publicou ensaios sobre romance, conto, poesia e cultura gaúcha. Tem três livros de contos publicados, entre eles *Viagem* (Movimento, 2005) e o livro de poemas *VIDAmUNDO* (Movimento, 2012).

Pescador ou pesca-dor tem o mesmo equilíbrio frágil sobre a água que o poeta tem sobre a poesia. A contenção é seu prumo.

O incontornável Pampa chega trazido por voz originária de Itaqui. Dilan Camargo o traz, impresso na linguagem inconfundível. Quem passa pelo Pampa ou o vive é marcado por suas imagens: "viajo a pampa / pala solto e tanto". *Pala solto* sugere mobilidade e liberdade; *e tanto*, além da rima com o verso anterior, expressa recursos subliminares: *tanto*, além do sentido adverbial, é substantivo e significa tento, ponto, no jogo de cartas. Como advérbio, é *mais*, que faz também pleno sentido. Apesar de tematicamente variado e com ampla demonstração de habilidades poéticas, Camargo não deixa de refletir sobre as utopias sociais imaginadas, que se esfumaram: "Nós esfregamos os olhos e tossimos / no meio da fumaça do grande incêndio. // Nós adoecemos de uma vida no futuro / dessa aurora que nunca cintilou".

A poesia pode ser árduo trabalho e contenção e pode ser coração aberto. Assim ela vem de Humberto Zanatta. Também Zanatta não desvestiu ideias. Quem o conhece de *Lições da terra* (1980) o reconhece aqui: peito largo de bons sentimentos e poema eivado de expressão. Ao lado da simpleza, produz a irmã (dela) beleza. Nos versos, lê-se a consciência do estar no mundo e o amor à vida, como em "A sanga limpa das pescarias e banhos / O tanque natural para lavar a roupa / Mesmo que a nascente não secasse nunca / Virou depósito de sucata e lixo" e se explicita em "era dor que lhe vinha da consciência!". Surpreende-se também o verbo estudado nos possíveis recursos poéticos, como em "esse gosto arcaico de novidade antiga" e "senhores tantos, de tanta ostentação... / Porque tendes vossa alma engaiolada / doutos e rotos".

José Eduardo Degrazia aparece profundamente reflexivo sob o espanto da ordem sideral e da vida neste planeta. "Tudo é digno de nota", e o importante é estar vivo. Em poemas com toques narrativos, perscruta o mundo em trama de questões fundamentais. Como seus companheiros nesta antologia e como todo poeta cônscio da tarefa primordial que lhe cabe, olha fixo e perguntadoramente à matéria-prima da literatura, "a polia que range a palavra contra a indiferença". Disso lhe vem a certeza de que o minimundo visível é, de modo análogo à palavra no poema, parcela do universo: "quando uma mosca morre, o Universo inteiro se esboroa". A teia do mundo tem, contudo, o ápice do interesse nas pessoas simples, porque "foi para eles que escrevi / os meus melhores poemas".

A poesia de Paulo Roberto do Carmo que compõe esta antologia marca-se principalmente pelas imagens surpreendentes. Em "sombra mendiga de mim, noite", por exemplo, o leitor precisa participar do poema, na qualidade de leitor aguçado. A noite é maior que eu, mas o eu pode dominar a noite, porque maneja a poesia, isto é, a beleza e a luz. Rimas tradicionais ou sugestivas e ritmo expressivo percorrem os versos e as estrofes. Com relação à preocupação com o coletivo, a fome, por sua força de desgraças, e apesar disso, está no fulcro dos aperfeiçoamentos sociais: "Se não, fome, quem há de acordar / a aldeia, mudar o rumo das estrelas?". Focaliza o homem em si mesmo e seus desígnios últimos: "o homem / não é dor, mas passagem dessa dor precária". Eis um robusto pensamento de dignificação.

Em Selvino Heck, a palavra no poema atinge o manifesto, no sentido de que oferece proposta estilística e fundamentação ideológica com a evidência que o verso permite. O "poema chicote na cara" proposto por ele dialoga com a “nódoa no brim” da proposta de Manuel Bandeira, mas com carga semântica mais audaz na dupla acepção, estilística e ideológica, que os emparelha. Em forma de dizer característica, a consciência do *Operário em construção*, do Vinícius de Moraes, parece aqui mais familiar à cultura em que se fundamenta: “O construtor do processo articula o pensamento / Na roda chimarrão. / A ideia passeia de mão em mão”.

Tarso Genro comparece com poesia que se poderia adjetivar como conceitual, no plano do ideário, porque não transparece nestes poemas, com evidência, proposta monoideológica. Estilisticamente, a cadência dos versos aperfeiçoa a leitura e instaura a sugestividade fônico-semântica, atributo da poesia. A metáfora do “sentimento de zelo e de distância” é “impulso alvear de lucidez / perdido em nostalgia e em desgosto”. Enfim, “não é o amor que morre / é o seu gesto calibrado / pelo desejo insatisfeito”. O tempo não é uno; está em todos: “Quem concebe o tempo não sou eu. / És tu que retomas todo o tempo”.

Para Umberto Guaspari Sudbrack, a memória da ancestralidade e da posteridade é rede em versos. Imigrados, com a memória (da) partida, “estarão trabalhando / no pequeno comércio / e ficarão surpresos / ao saber / que os netos / usam brasões / nas paredes / das casas”. Na cidade, “do escritório ao fórum / assustado / entre pastas, paletós / anéis de grau // Discretamente / planejo a fuga”. Se o desamparo está construído nesses versos, a plena solidão está nestes: “Na parede da cela / desenhou um coração / e escreveu no centro: / “amor de mãe”. // Quando terminou a pena / a mãe tinha morrido”.

Em mãos III não é apenas necessário e elogiável livro: está pleno de memória para construir história. Variado e compacto, carrega excelentes momentos de poesia.

Referências

Bandeira, Manuel. Nova poética. Estrela da vida inteira. *Seleta em prosa e verso*. Rio de Janeiro: J. Olympio; Brasília; INL, 1971.

Moraes, Vinícius de. O operário em construção. *O operário em construção e outros poemas*. Rio de Janeiro: Nova Fronteira, 1979.

Schüler, Donaldo. *Teoria do romance*. São Paulo: Ática, 1989, p. 12.

CÉSAR PEREIRA

LIBERTAÇÃO

CÉSAR PEREIRA nasceu em Taquari, em 1934. Foi bancário e professor do SENAC; aposentou-se como assessor na Assembleia Legislativa do Rio Grande do Sul. Atualmente, é pastor evangélico. Publicou os livros: *Carrossel de cinzas*, Editora Champagnat, Porto Alegre, 1960; *Dardos de ajuste*, IEL/Editora A Nação, Porto Alegre, 1974; *Porta de emergência*, IEL/Igel, Porto Alegre, 1989; *Gaveta de achados*, 2008. É precursor da poesia visual, lançando a partir de 1965 o poema POENIGMA, marco importante da poesia de vanguarda. Participou das antologias: *Seis poetas gaúchos*, Assembleia Legislativa do Rio Grande do Sul, Porto Alegre, 1976; *Em mãos*, Editora Lume, Porto Alegre, 1976; *De corpo presente*, Cooperativa Vereda, Porto Alegre, 1979; *Em Mãos II*, WS Editora, Porto Alegre, 2002; entre outras antologias nacionais.

Recebeu inúmeros prêmios, entre eles: menção especial de poesia Fernando Chinaglia, UBE/SP, 1972; prêmio de poesia de Florianópolis/SC, 1977; prêmio do jornal *Linguagem Viva*, de São Paulo, 1978; prêmio de poesia da Petrobras, 1986; prêmio da AJEB, 1994; prêmio de poesia: Histórias do Trabalho, 1999; primeiro lugar no prêmio de poesia do Concurso Nacional de Poesia Lila Ripoll, 2011. Pela importância de sua obra poética é citado em: *A poesia no RGS*, de Donaldo Schüler; *Para fazer a diferença*, de Luís Augusto Fischer; *As bases da literatura Rio-Grandense*, de Francisco Bernardi; e *Quem é quem nas letras rio-grandenses*, de Sergio Faraco. É membro da Academia Rio-Grandense de Letras.

FERRAMENTAS

Junto palavras
como quem inventa moinhos

Tão cálido é o gesto
que me nascem
pássaros e ninhos

Entre espadas e fuga
busco caminhos
escondo a ruga

Domo palavras
e excessos de que me inundo
Enxugo as ferramentas
e a cada manhã
reinvento o mundo.

PESCADOR

Pescador
frágil equilíbrio
sobre as águas

Inquiridor
de horizontes
tênue gaivota
pesca a dor
de ser
embarcado
sobre ondas e ânsias

Âncoras da memória
solidão escorrendo nos remos
sol a sol
pescador
pesca peixe de espanto.

LIBERTAÇÃO

Noutras plagas,
realizados
alçaremos voo   pássaros

Não haverá receio
incendiando o gesto

Recordaremos
(de mãos dadas)
a nostálgica memória
de outros dias   libertos

                (peixes deslizando
                em úmido silêncio
                de inatingíveis profundezas)

Os sinos, coesos,
em compridos tons
tremerão as torres

                Haverá sorriso nos lábios
                  de mansinho
                  aurora surgindo
                  esperança   SOL

E beberemos alegrias
em alvos cálices de puro cristal.

MEDIDA

Domo palavras
como quem forja metais

Pequeno no verbo
e no tamanho
nada sou
nada ganho

Rasa
é a medida que nos circula
mar
que nos martela
mar tela de logro
mar logro
malogro
quando posso logro o logro
e me recrio

ENDOSSO

Um cão fareja meu andar e o canto
E juntos disputamos a ração
E quando o cão almoça eu não janto
E quando eu janto não almoça o cão.

O tempo escorre em nós o mesmo pranto,
Onde cantamos uma só canção
E cada um carrega seu espanto,
Presos ao mesmo jugo e solidão.

Afoito, mas servil e bitolado,
O cão com seus caninos eriçados,
Não vai além do grito e do seu osso.

Oposto ao cão construo minha quilha
E neste mar onde me faço ilha
Estou além do cão e não me endosso.

SEM VASSALAGEM

Saio desta fruição
como quem adestra litígios
Fácil é compor amarras
Árduo é desatá-las

Entre algozes
em salões de requintes
rasgo etiquetas

Alvo é o instrumento tangível
que fulge no corpo
neste navegar
em teus teares

Busco aprumos
aos deleites
rumo aos caminhos
quentura no abraço

Sem vassalagem
juntos apascentamos
a mesma lã no riso
o mesmo afã

na luta
a mesma conduta
no amor

TAQUARI

Nos lábios da paixão,
o rio Taquari
banha os passeios da infância

Olho quem sai do escuro
– luz nos umbrais da memória.

O amor crescendo maduro,
entre dois favos
– mel do aconchego

Tia Lourdes faz café
Vó Amália entre o crochê
e o chimarrão.

Lembranças coladas à pele
andam comigo
pelas veredas do destino

REINVENÇÃO

À porta deste silêncio
        junto palavras
como quem junta
ferramentas

Desvendo o mundo
        além de sua pedra
com seus enigmas
astúcias e veneno

Amá-lo é sorvê-lo
        no que medra
na haste de seu giro

Junto palavras
        como quem junta ferramentas
e me estruturo

Em meus redutos de solidão
        guardo o que nasce
além do muro

Não tenho reino
        exércitos
mas em silêncio fabrico
minha força necessária

Desprovido de instrumentos
        desvendo o mundo

com agruras
pesadelos
disciplinas de amargo trato

Nesta hora de isolamento
        junto palavras
como quem junta ferramentas
desvendo o mundo
e a cada manhã
o reinvento

RÉU MILENAR

O tempo não paga teu suor
não apaga as chagas
as cargas
de teu corpo
– alvo crivado de ânsias

Este é o apanágio
que te infesta as raízes
a prole desnutrida
o gesto circunscrito

Quem ousa
alçar-te o voo
abrir as medidas
do teu pasto
adiar-te o passamento?

Réu milenar
instrumento de uso
ao longo dos anos
com privações
e danos
nada levas
além deste desígnio
– diária purgação
onde resistes
sem juros e dividendos

POESIA

Olho o rio
as águas passam
passa o homem
nome
o dia
Só não passa
o que for poesia

DILAN CAMARGO

ENQUANTO ISSO

DILAN CAMARGO nasceu em Itaqui, em 1948. Viveu sua juventude em Uruguaiana. Formou-se em Direito pela UFSM e em Ciência Política pela UFRGS. Foi professor de Direito Constitucional na Unisinos, assessor na Assembleia Legislativa, membro do Conselho Estadual de Cultura do RS. Fundador e presidente da AGES, tem importante participação nas entidades de classe e culturais do Estado. Publicou os livros de poemas: *Na mesma voz*, Editora Palmares, Santa Maria, 1981; *Sopro nos poros*, Editora Tchê, Porto Alegre, 1985; *A fala de Adão*, Editora Mercado Aberto, Porto Alegre, 2000. Para o público infantil escreveu: *O embrulho do Getúlio*, Editora Mercado Aberto, Porto Alegre, 1989, e Editora Scipione, São Paulo, 2004; *Rebanho de pedras*, Coleção Petit Poa, Prefeitura Municipal de Porto Alegre, 1990; *O vampiro Argemiro*, Editora Projeto, Porto Alegre 1993 – Prêmio Henrique Bertaso da Câmara Rio-Grandense do Livro; *Bomboletras*, Editora Projeto, Porto Alegre, 1998; *BrincRIar*, Editora Projeto, Porto Alegre, 2008 – Prêmio Açoriano de melhor livro de literatura infantil; *Poeplano*, Editora Projeto, Porto Alegre, 2010; *Diário sem data de uma gata*, Editora Cassol, 2010; e *O man e o brother*, Editora 8inverso, Porto Alegre, 2012. Participou de inúmeras antologias e organizou a *Coletânea de poesia gaúcha do RS*, Edição Assembleia Legislativa do RS, Porto Alegre, 2005. Teve encenada a peça *A casa da suplicação*, em 1978. Ganhou várias premiações como letrista em festivais como Musicanto Sul-americano, Califórnia da Canção Nativa de Uruguaiana, Moenda da Canção, entre outros. Apresenta o programa de entrevistas "Autores e Livros" na TV da Assembleia Legislativa.

DILÚVIO UNIVERSALLE

Virão as chuvas
as chuvas bíblicas
verticais
águas de aço
aguassas
águas-más
medusas líquidas
vertidas na ira da Natureza
sem ilíadas, sem lusíadas
na dança das águas cinzas
que pareciam extintas.

Se abrirá a garganta das nuvens
para cuspir
a substância líquida
a massa fluida das águas
que virá se unir
ao nosso plasma
aos rios de lágrimas
a escorrer no planeta.
Enquanto durarem
as chuvas
todo humano
será a última ilha.

SOLOMBRA*

Terra manca sob os pés
ventos machos de verão
olhos turvados de vinhos
bafo de tabaco velho
e o sol e a sombra
moldura do rosto.

Tristezas de sol cansado
a dar cada dia ao dia
um quero-quero aflito
nas sombras do entardecer
viajo na pampa
pala solto e tanto.

Solombra!
Solombra!
Sur
my nombre
sol e sombra
longa solidão.

Ao passo ultrapasso
os cavaleiros lendários
me vou cantando no más
sem saudades de viver
de rédeas muy largas
visto horizontes.

---

* Título de um poema de Cecília Meireles.

Céu de inverno para andar
com meu pássaro de luz
já me avisaram do tempo
e eu vou no azar do vento.
Com sonhos e assombro
vou chegar no Sul.

ELEFANTES

Nós acreditávamos em dias inocentes
fomos fiéis ao sol e à luz que ele benfazia.

Nós fomos doces e amargos bárbaros
nos embrenhamos a agricultar a história.

Nós esfregamos os olhos e tossimos
no meio da fumaça do grande incêndio.

Nós adoecemos de uma vida no futuro
dessa aurora que nunca cintilou.

Nós nunca bebemos de nenhum remédio
queríamos sofrer as febres da utopia.

Nós éramos elefantes na cristaleira
e o que era vidro se quebrou.

Mas o amor não era pouco.

JOVENS MORTOS

os jovens que ontem aqui sonhavam
os jovens mortos por um cinza-chumbo
a seda de suas mãos a se desfiar
os seus doces cabelos naufragados

os jovens de vida pastosa entredormida
os jovens mortos recobertos por seus jeans
a incompreensão dos semáforos incendiados
a última das horas de um insônia ingênua

os jovens que não cumprirão suas promessas
os jovens que já nasceram no passado
a sua linda canção num palco iluminado
a contemplação de um jardim além das cores

os jovens na neblina da melancolia
os jovens mortos ornados de metais
pálido lume de um fazedor de luz
tocata e fuga para uma vida breve

ESPERE BABY*

espere baby não desespere
não me tenha como uma bosta fora do consultório
não envenene seus anos presentes mas ainda tão ausentes

espere baby não desespere
vamos sonhar de um em um e falar como quem divaga
"dilan na vitrola dedos nas teclas"
paciento e engendro enquanto o medo inventa fantasmas

espere baby não desespere
temos um quarto e a hora de uma aurora
vamos abrir um mistério um armário um vocabulário

vamos rever o filme queimado do gordo e magro
vamos montar o quebra-cabeça de tudo o que não é
espere baby não desespere
a canoa não há de virar
e nós não ficaremos mais a ver navios
e nós não ficaremos mais a remoer a despedida
e nós não ficaremos mais a tremer em casa assim

espere baby não desespere
porque nesse dia sobrará o tanto de loucura
porque nesse dia renovará a erudita luna
"porque nesse dia se ouvirá o canto do amor"
o meu dedo não mais digitará na solidão doída
mas com sentidos repartidos

---

* Tradução livre e não autorizada, do português para o português, do poema "Espere baby não desespere", de Chacal.

MODO DE DIZER

Nesse modo de dizer
falam as palavras avarentas
de pouco entendimento
fósforo riscado nos olhos
pedras atiradas contra o sol
faíscas expulsas do espelho
folhas ressecadas de dicionário
abismos de uma estética arisca.

Nesse modo de dizer
quase não se fazem rimas
a melodia é cortante
(tango de Piazzolla)
o traço é turvo
(pincel de Picasso)
o movimento é torto
(drible de Garrincha).

Nesse pátio de pouca luz
o passante escorrega e cai.
Nessa página obscurecida
lê-se no túnel obstruído.

Nesse modo de dizer
as palavras têm pressa
nunca chegam ao coração
fervem na febre da verve
e longe jamais vão
se esvaem precoces

nos sulcos das virilhas
nas efusões perdidas do espírito.

Nesse modo de dizer
as palavras se contraem
aranhas prenhes, garranchos,
não querem ser escritas
se maldizem pelo que sabem
estrilam sem lirismo e ritmo
pílulas sintéticas do dia a dia
são a borra da língua mal coada.

A CANÇÃO DO CÉU

Num disco
de 78 rotações por minuto
posso ouvir as canções
que minha mãe cantava.

Num CD
ainda ouço às vezes
nossa canção sincopada
fora das leis da ritmopeia.

Num iPod
zunem as canções
de estações cibernéticas
som oblíquo ao meu ouvido.

Na galáxia NGC1097
gira um disco de gás
a 10 mil quilômetros por segundo
na vertigem de um buraco negro.
Não ouço nenhuma canção.

Essa canção do céu
é inaudível
mas o disco gira.

O POETA E O CUCO

O poeta e o cuco
são parceiros de viagem.
Pela portinhola aberta
saem da casinha
batem asas pelo desconhecido
fora de órbita
exorbitam por galáxias intangíveis
fundam pátrias da língua
em planetas minimizados
depois voltam
com amostras poéticas
do infinito espaço interior.
Seres da verbalidade
não contam
encantam as horas.
Partem
a qualquer hora
voltam
numa hora incerta
a desoras.

O OLHAR

quando a vida for um sonho uniforme
a terra esgotar o sal, o ar, a memória

quando o homo sapiens
transformar-se em homogêneo sapo

quando a linha do horizonte
ocultar o mundo numa só miragem

quando formos peixes imigrantes
de uma tela de cristal líquido

quando demarcarmos as fronteiras
aquém de uma geografia civil

quando o nosso modo de amar
for um verbo de amargura
restará
o olhar humano
e tudo poderá
ser diferente
ainda distante
do ponto final

ENQUANTO ISSO

Eu NOS vemos
Eu NOS lemos
Eu NOS dizemos

Que EU já temos dobras inauguradas
fomos deportados de MINHA identidade
mudaram-se as placas de sinalização.

E quem EU por que podemos
ostentar um MEU NOSSO destino heroico
impor uma utopia MINHA nossa
a qualquer que seja vivo?

A vida continua
nua realidade.
O sonho vira a cabeça
minha, tua, nossa.

Damos EU as costas
às gerações de mortos
ato contínuo
a história desossa
espécies, impérios
sistemas de mentes.

Enquanto isso
não se dorme
uma única noite

sem um último soldado
de prontidão
na frente da porta.

MEU CALENDÁRIO

Risco meu calendário
não obedeço
festas cívicas, religiosas
os aniversários
nem os dias dos santos.

Não sigo nenhum dia
os dias não me contam
nem conto com os dias.
Vivo num calendário
no tempo da palavra.

Digo uma só palavra
sem avareza.
Quero uma só palavra
a delicadeza.

Risco meu calendário
meu tempo não é passado
é um sonho
que se vai sonhando
ainda depois de sonhado.

Meu calendário
é só o tempo
de arrancar
uma palavra
do silêncio.

TRÊS EM NENHUM

A poesia?
Esse disfarce da razão
máscara da luz do dia
só para pular seu carnaval?

Os poetas?
Os que usam a língua a conta-gostos
esses filhos da luta com a preguiça
que abusam das palavras incompletas?

Os leitores de poesia?
Essa *imensa minoria**
mantida à míngua
de nenhuma palavra por dia?

* Juan Ramón Jimenez.

ILHA-UTOPIA

Para Yoani Sánchez

"... pero ya de la idea sólo quedaba su enemigo."
Heberto Padilla

Habitas uma ilha-utopia
que não é tua.
A tua utopia é outra filha.
Ela já anda, desanda
se apruma no século
não escreve súmulas
não anula gerações.

A história nunca termina
não assina com ponto final
ela luta, procria, se inspira
a céu aberto
entre gregos, bregas, negros
atrás de grãos, óleos, águas
da liberdade de imaginação.

Quando o fio da história
se dispersa em zigue-zagues
e a grande ideia
se transforma em tábua rasa
toda fala é blague.
A história dá um novo passo
no blog de uma mulher magra.

MINHA LEITORA PREFERIDA

Para Magda

Ela não lê o que escrevo
só lê o livro que eu vivo.
Ela me lê por doce enlevo
tenho a leitora que preciso.

Eu a leio e a transcrevo
já decifrei a sua leitura
leio sua encosta e seu relevo
os seus flancos e a sua ternura.

Minha leitora preferida
não pesquisa em dicionário
minha obra de escriturário
é das mais fáceis de ser lida.

A minha leitora amada
é o meu prêmio literário
tem o sorriso de uma fada
o zelo de um bibliotecário.

Somos dois leitores completos
e assim me lê e a leio.
Eu nos sonhos do alfabeto
ela com gosto de recheio.

CHAMEM O POETA

A plateia está inquieta?
Chamem o poeta.
Ficou torta a reta?
Chamem o poeta.
Ninguém segue a seta?
Chamem o poeta.
A tecla não deleta?
Chamem o poeta.
A caixa está repleta?
Chamem o poeta.
Não se alcança a meta?
Chamem o poeta.
O avô renega a neta?
Chamem o poeta.
O menino caiu da bicicleta?
Chamem o poeta.
O lixeiro não fez a coleta?
Chamem o poeta.
A multidão se inquieta?
Chamem o poeta.
A dama é discreta?
Chamem o poeta.
O espeto não espeta?
Chamem o poeta.
Não sai a eleição direta?
Chamem o poeta.
O governo decreta?
Chamem o poeta.
Conflito burguês X proleta?

Chamem o poeta.
O corrupto se locupleta?
Chamem o poeta.
O chato não desinfeta?
Chamem o poeta.
Não adiantou a dieta?
Chamem o poeta.
Não ouvem o profeta?
Chamem o poeta.
A poesia está incompleta?
Chamem o poeta.

Se for pouco um poeta
chamem um enxame de poetas.
Não importa que mais chamem
do que amem o poeta.
Chamem o poeta!

HUMBERTO ZANATTA

CORDIFORME

HUMBERTO GABBI ZANATTA nasceu em 25 de julho de 1948, em Taquaruçu do Sul. Advogado e jornalista formado pela Universidade Federal de Santa Maria, onde é professor do Departamento de Ciências Sociais. Individualmente, tem quinze livros publicados, destacando-se dez de literatura infantil. Além de *Em mãos* I e II e *De corpo presente*, do Grupo Vereda, publicou *Quarto crescente* (poesia), *Bacará*, 1979, *Tropa de osso* (poesia), Martins Livreiro, 1981, *Coração ralado* (crônicas), com Orlando Fonseca, *A razão*, 1980, *Poemórias* (bico de pena de Antonio Isaia), Rio das Letras, 2009. Participou dos romances coletivos *Os Dez Mandamentos* (2007) e *Arquimedes* (2010) e dos livros de crônicas *O gol iluminado* (2009) e *Bem-vindos ao Inferno* (2011), editados pela Rio das Letras. É coautor em outras vinte obras de poesias, crônicas e contos. Compositor, é premiado letrista, dentre outras, de músicas antológicas como "Tropa de osso", vencedora da Linha de Manifestação Rio-Grandense da 9[a] Califórnia da Canção Nativa de Uruguaiana, 1979; "Lições da Terra" (Pequeno Agricultor), da 10[a] Califórnia, 1980; "Não podemo s'entregá pros home", mais popular da 12[a] Califórnia, 1982; "Estrela e chão, vencedora da Projeção Folclórica da 1[a] Carreta da Canção, Passo Fundo, 1982; "América Latina", Vencedora e Melhor Letra do 1[o] Cante Terra, Campo Mourão, Paraná, 1986; "Ponta de estrela", melhor tema ecológico da 17[a] Califórnia, 1987. É sócio-fundador da Associação Gaúcha de Escritores e da Academia Santa-Mariense de Letras e membro da Estância da Poesia Crioula.

CORDIFORME

Vende-se ou troca-se
por área construída
um terreno cordiforme e baldio
– com enormes vazios humanos –
sem muita serventia para seu dono
neste momento de penúria e
solidão.

Os impostos atuais estão em dia!
Mais do que a vida...

Os atrasados,
par
cela
dos
em prestações tantas
e tamanhas que não desestimulam
os sonhos
e os parcos recursos de que disponho.

Na rua tem asfalto e assaltos
na mesma proporção.

Os assaltos
fazem buracos mais embaixo
ou mais em cima.

Depende onde a bala
entra ou o fio da faca
corta.

O asfalto, quase sempre,
tem buracos para cima
e não aguenta chuvarada
nem trânsito de caminhões pesados
nem promessas de políticos levianos...

Os vizinhos,
com exceção dos que não prestam
                    – nem aqui e nem na Cochinchina –
são todos gente de primeira
                    quando dormem
com as janelas fechadas para a rua.

Recebem-se pro
                    postas
a qualquer hora
– tal a urgência do negócio –
para não dar a impressão de ócio
à existência de um terreno baldio
suburbano
em meio a tantos vazios
humanos.

CANÇÃO DE OUTONO

Pudesse, te daria mais que estas flores,
os braços cansados,
o cabelo embranquecido pela geada
das carências
e as mãos cheias de calos e saudade
pelos carinhos que não fiz.

Pudesse, as tardes seriam menos sombrias
e buscaria mais que rima
pros meus versos rudes e precários
e ressuscitaria
as manhãs que morreram
indefesas
sob o enferrujado punhal da timidez.

Pudesse, plantaria novas sementes,
renovaria a terra dos afetos e regaria
com meu suor
aquele canto generoso
que foi nosso.

O outono chegou tão cedo,
as folhas caíram antes do previsto
e a fecunda claridade do amanhecer
não teceu as orquídeas que cuidei.

Sinto um outono que não quis tão cedo,
mó das horas a triturar disforme
uma farinha boa para que faça pão.

O outono movediço me provoca ainda,
me cutucando em horizontes íngremes e distantes
para espanto dos meus cavalos
mansos.

Pudesse, talvez possamos, beberíamos da fonte
de antigas primaveras,
alçando voos planadores e audazes
para rever do alto e contemplar afáveis
estradas ásperas que caminhamos juntos.

Pudesse, juro, não haveria esse outono
de ressabio inútil,
o arisco olhar de um animal na jaula
e nem as garras de um leopardo dócil.

BECO DO DESCASO

Pedregosa rua
                    das minhas
                    dores
das minhas quedas
e fracassos
do meu inútil
       desespero.

Fútil caminho

que me leva
a lugar nenhum
cafundó que nem
                    a Judas
                         a/traiu...

Amaldiçoado
                    Beco do Descaso
onde a cidade patina
sua hipocrisia.

E onde o diabo

nunca perdeu as botas
porque até ele
não tem como chegar lá.

Renegado
            caminho
da desesperança

dos sonhos gorados
dos barrancos floridos
que não deram frutos
nem adubo
para outras plantações.

Maldito
          Beco!

Via-crúcis sem Verônica
          ou Simão Cirineu!

E muito menos piedosas
          mulheres
a chorarem sobre os filhos da mãe
tornados órfãos do
          descaso.

CASA DA INFÂNCIA

Casa, lugar de sombras e de luzes
Microcosmo a processar vivências
Onde o mundo se concentra altivo
Ninho no penhasco a desafiar os ventos.

A casa da infância não existe mais
O tempo a derrubou sem pressa ou dó
Nem o porão com fantasmas e segredos
Ficou de pé para me dar notícias.

O campinho em frente à casa se sumiu
No loteamento feito pra atender demandas
Nem o lançante pros carrinhos de descida
Recebeu ao menos calçamento digno.

A sanga limpa das pescarias e banhos
O tanque natural para lavar a roupa
Mesmo que a nascente não secasse nunca
Virou depósito de sucata e lixo.

Até a laranjeira a que se subia nas grimpas
E dava frutas pra lagartear no inverno
Não foi poupada na corrida insana
De uma cidade que cresceu pras vilas.

Não respeitaram nem o pé de plátano
Que encantava quem não o conhecia
E onde subir era uma aventura e tanto
Tal a grossura de seu tronco impávido.

Mas derrubaram até a capelinha
Onde fiz minhas primeiras preces
Pra onde foi Santa Terezinha
Com o rosário e o buquê de rosas?

Fiquei com pena até do velho forno
Onde a família cozinhava o pão
Disputado pela gurizada em férias
Na hora sagrada do café da tarde.

Casa pequena que foi lar grandioso
Para uma família numerosa e pobre
Onde meus pais, feitos leões humanos
Nos fizeram gente para vencer na vida.

CARTA A UM URBANOIDE

Bravo urbanoide!

Louvo tua coragem e determinação
o dar de ombros solene e arrogante
diante do espelho
sem nenhuma emoção.

Louvo tua rotina empedernida e sonora:
despertador, sirene, elevador,
micro-ondas, celular, computador,
decibéis, semáforos, estresse e desaforos
e uma grande angústia de não sei
quê.

Louvo tua in
sensibilidade ao roto
ao palhaço da sinaleira
ao cachorro sem coleira
e aos que só
andam em primeira.

Um dia – talvez não chegue!

Sentirás saudade de uma pedra no sapato
de leite derramado no fogão
de uma noite maldormida
e de um leve aperto no coração
pelo filho que venceu na vida.

Um dia – é possível que sim!

Saberás que um pastel de bolicho
também é feito com amor e capricho.

E que sempre havia crianças nas pracinhas
e filhos mal-amados nos palácios.

Caro urbanoide!

Um dia saberás – tomara seja logo!
Que a cidade é feita de muitos outros
Diferentes.
De uma diversidade incômoda e bonita
e o que vale e dá sentido à vida
é o que apaixona e ainda e mais palpita.

FOGO BRANDO

Esse gosto arcaico de novidade antiga
De flor que murcha no sentimento eterno
De uma ilusão gratuita na expressão amiga
Folhas caídas num rigoroso inverno.

Há, sim, esse desejo incontido e besta
De lusco-fusco no arrebol da vida
Um salto sem volta da primeira festa
E a jura sincera que nunca foi cumprida.

Inquietações como no esplendor dos anos
E a terra firme ainda mais se ausenta
Num terremoto de destruição e danos.

Eia! Esse sabor novo no antigo gosto
E um fogo brando que devagar se aumenta
É que dão brilho estranho ao meu sofrido rosto.

A DOR

A dor que ele sentia era por dentro
Dessas que não se pode descrever
Permeava seu corpo de tal jeito
Sensação de que ia enlouquecer.

A dor que sentia – tão esquisita
Difícil defini-la na essência
Impossível narrá-la totalmente
Embora as mais remotas referências.

Confissões, divãs, medicamentos
Orações, exorcismos, benzeduras
A estancar indigesto sofrimento.

Pouco adiantaram a fé e a ciência
Para aquelas recorrentes queimaduras:
Era dor que lhe vinha da consciência!

O QUE SABEIS?

Que vós sabeis da vida plena do rincão
do passaredo revoando com destreza
da algazarra dos bichos em comício
com mil discursos em favor da natureza?

Que vós sabeis da semente pequenina
que se agiganta em árvores e em frutos
da grama seca rebrotando após a chuva
ou da queimada que mantém o campo em luto?

E que sabeis das sangas cristalinas
dum fio de água caindo num fundão
do namoro apaixonado do barreiro
mostrando ao parceiro o rancho em construção?

E que sabeis da noite quando chega
pintando estrelas no telão do firmamento
e da aquarela inventando pelo sol
mesclando cores de um total encantamento?

Pouco sabeis da natureza e seus encantos
senhores tantos, de tanta ostentação...
Porque tendes vossa alma engaiolada
quereis aos outros velhas formas de prisão!

REAL VISA VIDA

Um cão vadio
– na acepção mais digna do termo –
descansava ao sol do meio-dia
indiferente ao torvelinho estressante da avenida.

Os operários com suas sacolas
                                        gastas
sapatos gastos
mãos gastas
alma e esperança
                    gastas
reverenciavam
com olhares complacentes
o guaipeca estirado na calçada
– cúmplices de vidas parecidas –
                    gastas
pelo uso indevido
que delas se faz.

Os universitários
à espera do ônibus para o Campus
cheios de livros e saberes
de brincos e de grifes
de sonhos e hipóteses
improváveis
não se ligam à vadiagem do cão
como os operários da construção
                                        civil
civilizadamente fazem...

Contrastes

doutos e rotos
em plena luz do meio-dia
em meio à vida

a vida ao meio

olhares de permeio...

A vida sem rodeios!

PERIFERIAS

Os arrabaldes
das cidades guardam
sonhos que goraram
antes de nascer.

As cidades nascem
cheias de vidas e promessas
na arquitetura e nos discursos
nas geometrias e pranchetas
nas praças e palácios.

Os subúrbios
prolongam a cidade
para muito além das aparências
                    e traçados
pois nelas não cabem
                    o homem e seus
anseios de teto e pão, saúde e letramento.

Os políticos
– bem ou mal-intencionados –
se perdem nas periferias
pois elas nunca são o foco de suas
lentes arbitrárias,
refratárias.

As vilas
– outrora paraísos –
ironicamente se transformam em infernos

com esgoto
                                        a céu aberto,
poluição, mortes, miséria e desespero.

A periferia cresce!
A injustiça cresce!
A desigualdade cresce!

A cidade cresce e se apequena
nos seus dramas
                        e corrompe
as medidas
da dignidade humana.

LIVRE/MENTE

Como um pássaro
cantei nas manhãs primaveris
os horizontes para longos
voos.

Como cão desesperado
uivei à lua
a poucos metros
do osso escaveirado.

Laborioso bovino
puxei carretas
de frágeis esperanças solidárias
por indômitos atoleiros
e pedregulhos irascíveis.

O sol queimou meu rosto
mais do que devia e o pão que
busquei nem o diabo quis amassá-lo
para testar a minha resistência
antes de desistir de vez.

Construí meu rancho
à sombra do arvoredo verdejante
e tive filhos para além dos próprios filhos
com a mulher que amei incontinente
renegando belas, feras, jaguatiricas,
panteras e leoas, por escolher as garras
que me fizeram sempre enternecidos
calafrios.

CABEÇA FEITA

Branquearam todos meus cabelos loiros
melena atávica a iludir-me os dias
a prenunciar no dealbar da vida
Sansão que nunca se revelaria.

Loiros e cheios na primeira infância
em caracóis pra parecerem lindos
longos e lisos na jovem guarda hippie
num paz e amor de guerra se esvaindo.

Não tive forças na gadelha vasta
e nem aplausos na beleza exótica
só gozação, pois ia ficando gasta.

Agora, raros, são meu galardão
a zombarem numa ilusão de ótica
dos tempos áureos que não voltarão.

PONTA DE ESTRELA

Quando todas as flores murcharem
E a relva não mais se orvalhar
E a cigarra ferida de morte
Igualmente também silenciar...

Quando as claras manhãs da querência
Forem nuvens de caco e de pó
Sobre os restos de seres e coisas
Vai haver um soluço de dó...

Quando as mãos de ternura e de afagos
Trituradas do homem-robô
Não puderem fazer as carícias
Que o amor mais humano inventou...

Quando um dia, talvez, quem duvida?
Por razões incontáveis – sei lá!
As crianças não mais existirem
E a esperança, de um todo falhar...

Quero estar com meu verso e os meus
Desfraldando os sonhos que tive
E fazer de uma ponta de estrela
A espaçonave que a todos abrigue...
E no entrevero de guerras futuras
Desgarrado do pago nativo
Vou buscar um planeta qualquer
Pra viver meus humanos motivos...

A CADA UM O QUE É SEU...

Nada mais do que isto
vos peço!

Apenas o que deveria
ser meu
se algum direito tiver
sobre esses rabiscos
que enchem o vazio das
minhas noites em meio
ao ruído inaudível de
um silêncio interior que

não suporto.

Se acharem que for meu,
entregam-mo
diligentemente
sob o tênue
invólucro do respeito e da
comiseração
(mesmo que disfarçada).

Este lado para cima
como convém a esses bens fungíveis
e semoventes
que o destino jogou
à minha porta.

Respeitem o
Cuidado Frágil

e não amarrotem os ideais da adolescência
os sonhos da infância
e as cautelas pudicas e medrosas

da idade adulta.

Não empilhem mais do que três
frustrações
juntas!

Elas podem se transformar
em epidemias
ou pragas incontroláveis...

E a vida não merece tanta
desgraça
numa hora dessas!

OTIUM CUM DIGNITATE

A rotina do suor
no labor diário
das máquinas a triturar
salário.

O choro das crianças
a mesa desperta e o pão
adormecido
a lembrar calvário proletário
espinescido.

Longos dias
Ironia!
Longos anos
Desenganos!
Longas horas
De demora!
Nos minutos
Resolutos

de um ofício em que fazia
sua bastante liturgia.

Quem diria
que um dia
a sua vez chegaria?

De papo pro ar!

O ócio com
Dignidade
Dos aposentados da
Previdência
Social
Terminal
Mortal.

JOSÉ EDUARDO DEGRAZIA

AOS QUE VIEREM DEPOIS DE NÓS

JOSÉ EDUARDO DEGRAZIA nasceu em Porto Alegre, em 1951. É médico oftalmologista. Foi presidente da Sociedade de Oftalmologia do Rio Grande do Sul, diretor do Sindicato Médico e da Associação Médica. Tem dezessete livros publicados, entre poesia, conto e novela. Participou de inúmeras antologias no Brasil e no exterior. Escreveu crônicas e ensaios para jornais nacionais e estrangeiros. Textos seus foram traduzidos para o inglês, o italiano, o espanhol, o catalão, o maltês, o romeno e o japonês. Ganhou prêmios em poesia, conto, novela, teatro e tradução. Em 1996, foi finalista do prêmio Nestlé na categoria conto. Recebeu o prêmio de narrativa longa da AGES, de 2006. Ganhou o prêmio de prosa da Academia Internacional Mihai Eminescu, da Romênia, para 2012. Traduziu poetas italianos e latino-americanos, entre eles sete livros de Pablo Neruda. Entre seus últimos livros, temos: *Corpo do Brasil*, poesia, Editora Movimento, 2011; *A flor fugaz*, sonetos, WS Editora, 2011; *Um animal espera*, poesia, Território das Artes, 2010; *O reino de Macambira*, novela, Editora Movimento, 2005; *A fabulosa viagem do mel de lechiguana*, novela, Editora Movimento, 2008; *O atleta recordista*, contos, Editora Movimento, 1996; *Os leões selvagens de Tanganica*, contos, Editora Movimento, Porto Alegre, 2002. É membro da Academia Rio-Grandense de Letras.

MOTIVO DE FORÇA MAIOR

Às vezes uma canção
de origem obscura me invade,
uma ventania da pampa,
uma nudez marinha de caracóis,
um sono de nuvem bojuda de chuva.

A fala da mulher de seios morenos
no meio da noite com besouros zumbindo,
cor azul de céu ou verde céspede,
floresta de campânulas, campainhas sonoras,
e gritos intensos de paixão na noite da mata,
ritos de gatos de amores violentos em cima dos telhados,
vozes veludosas de violeiros nos bares de subúrbio,
gemido de menino doente tossindo na madrugada,
jogadores no pano verde jogando suas vidas no carteado,
bêbados improvisando cantos para a lua,
operário esperando o ônibus na madrugada.
E eu, atônito e desperto, escrevo
a ordem peremptória das musas,
psicografo a mensagem noturna,
de uma força maior que me incendeia.

TEMPO E EXISTÊNCIA

Trabalho pela origem
na margem móvel do rio,
pesco o peixe na tarrafa do mistério
e a água passa.
Procuro não fazer perguntas
sob o sol de ardente maresia,
mas os pássaros bicam as nuvens,
os peixes penetram o insondável da onda,
e os animais efêmeros fazem indiscutíveis discursos
em seus túmulos de sal e areia;
tudo é cal e iodo dançando
na maresia de um lugar repleto de adeuses,
e meu passo ou aceno,
e minha inquietude e meu desespero,
nada explicam, não significam nada
diante da angustiante fluidez da água.

Molho os pés na quebrada do mar
e minha boca sorri diante do espanto de estar vivo;
cativo dos meus ossos,
escravo da carne e da pedra,
nada peço ao mundo
além de com ele existir,
se a tal me proponho, e ele permitir,
no tempo.

E tudo é digno de nota:
a coincidência das marés,
as fases da lua, os equinócios,

a trajetória dos satélites e dos planetas,
o voo dos pássaros migratórios,
o balé das estações nas árvores.

Imerso no instante, no constante fluir das coisas,
no caos do mundo em que me espelho,
seguro o fio do eterno retorno, a insustentável face de
um Deus
que rege a harmonia do Universo,
e no qual (não) acredito.

O DESAPARECIDO

Um dia, quando perguntarem por mim,
estarei sozinho sob a chuva de verão ao entardecer,
e um sino tocará seu som metálico
na velha igreja coberta de hera da minha infância.
Poderão procurar-me por trás das escrivaninhas,
mas não estarei mais lá, estarei atrás de uma árvore
com os olhos
bem abertos olhando tudo como só uma criança olha.
Podem pedir o meu endereço os contadores e os
agentes das firmas
seguradoras, podem procurar nas páginas do diário
abandonado alguma ideia que diga do meu devaneio,
mas as páginas ficaram todas brancas, sem uma única
palavra
que indique o caminho, ou que sinalize o meu destino.

Estarei ao mesmo tempo distante e perto,
invisível para os olhos que olham com ódio,
mas abertos aos olhos dos inocentes e das crianças.
Caminharei pelas estradas da terra
como um pastor a conduzir ovelhas pela trilha.
Tocarei uma flauta nítida e sonora,
e dançarei ao ritmo das folhas e das ervas,
e estarei livre e solto como nunca antes,
pelos caminhos vazios de caminhantes.

Não me venham pedir documentos,
pois já não os trarei comigo,
não insistam em deter-me policiais

ou mendigos.
Vou, e isso é tudo, sem mala e biblioteca,
feito menino órfão encontrado
só no porão escuro da sua casa.
Que não me tentem prender as amadas
com seus cantos doces e olhos macios,
mulheres que me deram calor e desafios
em doses certas de riso e de dor.
De cada uma levarei um sonho
feito pétala de madrepérola.

Solitário diante da grandeza do mundo,
peregrino da beleza e da poesia, que para não morrer
de tanta harmonia procurou o silêncio e a paz da tarde
de chuva,
e ficou encostado na árvore do parque vendo a vida
passar.
Não, não me tirem daqui as tarefas e os negócios,
sem mim, a máquina do mundo continuará a girar,
seus dentes e polias e engrenagens bem azeitadas,
sem mim, a cotação do dólar continuará cambiando,
e todos continuarão a correr nas avenidas,
indiferentes.
Bem que eu disse que não era imprescindível
à marcha dos acontecimentos.

Toquem os sinos e anunciem o meu desaparecimento.
Digam os arautos do juízo final que eu desapareci
para sempre,

e que é inútil, e perigoso para todos, tentarem me encontrar.
Falem os jornalistas do estranho fenômeno do homem desaparecido,
um fugitivo da justiça, talvez um criminoso de alta periculosidade
– estarão certos, pois o poeta é sempre uma ameaça pública –
tentando esconder o rosto no escuro dos becos da cidade.
Mas eu estarei apenas andando na contramão,
um pedestre fazendo força para caminhar contra o fluxo,
um caminhante solitário que, se não tomar cuidado,
terminará sendo levado de volta,
mas estarei parado atrás da árvore do bem e do mal
vendo a vida passar controlando o vil metal,
mas estarei de olhos bem abertos vendo tudo
como um homem que já não tem nada a perder
e muito menos terá algo a ganhar além do tempo
e da vida esperando acontecer.

OS SENTIDOS DO MUNDO

O que existirá quando não houver mais sentidos?
Não digo o sentido, a razão de existir do mundo e do
    homem,
mas a ausência absoluta
de olhos abertos para a luz do dia,
de ouvidos captando o som da liturgia
                    da vida,
de tato exercitando o ofício de alisar
    a pele dourada do sol,
do olfato a acariciar o perfume da flor,
do gosto penetrando as papilas da língua
                                        e da palavra.
O mundo existe porque eu o vejo, escuto, apalpo,
    cheiro, provo.
Sem sentidos não tem sentido o mundo,
sem a existência dos sentidos o Universo é matéria
    morta
        girando a improvável turbulência
        de seus átomos inocentes e cegos.
Seria o horror do vazio, do nada, do inexistente, do
    não percebido.
Só o olho do homem faz sentido e se revela na palavra,
        memória de um deus antigo
        que perdeu forma e movimento
        e nem espaço mais contempla
        em volta do seu umbigo,
um deus que espera o fim de tudo, o absoluto, o caos,
    o vazio,

o buraco negro que absorverá
a energia do sagrado e do poema.
Se não existirem ouvidos, os sons não percutirão os tímpanos,
se não existir o tato, não fará sentido a maciez da água,
e a acre aspereza da areia,
se não existir olfato, o sal do mar não trará a maresia para dentro
do dia,
se não existir gosto, lamberemos a pedra, a lixívia, e a língua será
lixa.

O Universo só existe se existimos e acaba a cada morte
do menor dos insetos de olhos facetados como a mosca.

Quando uma mosca morre, o Universo inteiro se esboroa.

O que dizer, então, da morte de uma pessoa?

A NITIDEZ DAS COISAS

No silêncio da casa, quando as madeiras estalam,
espero o movimento da engrenagem do tempo,
a manifestação evidente da máquina do mundo,
as pás do moinho moendo a farinha dos dias,
os dentes trincando a pele da feroz existência,
o rolar dos minutos no relógio náufrago da manhã,
o zumbido da mosca contra sua imagem no vidro.

No silêncio da casa, quando estremecem os móveis
e trepidam os eletrodomésticos nas redomas de vidro,
zunindo em uníssono cantochão entre as moedas
nítidas do sol e as moendas trituradoras de emoções,
a polia que range a palavra contra a indiferença,
o destino dos pratos e talheres prisioneiros, lentamente
desfazendo-se em barro e mortal ferrugem.

As coisas morrem sem pânico enquanto olhamos
distraídos o vento que levanta as cortinas da sala.

Só as coisas são nítidas e têm alma, e acreditam
na vida eterna.

NÃO SABERÃO DE MIM

Não saberão de mim
os estudantes tímidos e abandonados
nos quartos de pensões e repúblicas,
não saberão de mim
as costureirinhas pálidas
nos seus tugúrios de linhas e carretéis,
não saberão de mim
os condutores de locomotivas,
não saberão de mim
os mineiros de mãos de barro e carvão,
nascidos na névoa viva no fundo da mina,
não saberão de mim
os camponeses queimados de sol
em plena colheita do verão,
não saberão de mim
as professorinhas insones
dos colégios de arrabalde,
não saberão de mim
as balconistas das lojas de *delicatessen*
envoltas em suas auras de sonho,
não saberão de mim as manicures
de mãos macias e olhos tristes.

Não saberão de mim,
e, no entanto,
foi para eles que escrevi
os meus melhores poemas.

CANÇÃO DO TRABALHO

Não só a natureza me encanta,
mas o trabalho dos homens,
dos mecânicos e dos ferreiros,
dos alfaiates e das costureiras,
dos médicos e das enfermeiras,
dos garçons e dos bombeiros,
dos vendedores e dos jardineiros,
dos bancários e das cozinheiras,
dos motoristas e das engenheiras.

Cada homem amassa a argila
com suas mãos rudes e claras,
dando vida à matéria,
movimento ao inerte,
dando brilho ao opaco,
dando força ao fraco,
e alimento ao faminto.

Em cada casa, em cada canto,
em cada oficina, em cada porto,
uma canção se levanta
do homem que trabalha
e transforma a existência
com o suor e o ritmo,
com a música e a dança,
com a verdade na garganta.

No campo e na cidade,
toda a população canta

uma canção de trabalho
que se espalha e espelha
em cada um a humanidade.

O MENDIGO E O CÃO

O cachorro e o mendigo comem na calçada.
O cão é preto e morde um osso,
o dono veste trapos e come um pão.
Restos de papelão: sinais da cama onde passaram a noite.
A garrafa no cordão da calçada: o homem toma
um gole, e ri para os carros que passam.

O sol de inverno é fraco, mas esquenta.
O mendigo se encosta na parede, parece feliz.
O cão pula no seu colo: um olho aberto, o outro fechado,
controla o movimento, cão de guarda que é.

O mendigo fecha os olhos e dorme.
O cão lambe a mão.

POETA IRMÃO

Amigo Luiz de Miranda,
mais uma vez vamos andar
pelas ruas da nossa Porto Alegre
muito amada,
e no cais, vendo o pôr do sol
sobre as águas do Guaíba,
as sombras pouco a pouco
batem no coração das ilhas
com suas mãos de poderosa treva,
mas nosso olhar, poeta irmão,
já terá atravessado para o outro lado
da terra prometida,
e o silêncio da noite não será,
jamais, o silêncio da poesia,
inutilmente o caos baterá
nas quilhas dos barcos
e tentará impedir o voo dos pássaros
e o abraço das mulheres esperando
na noite mais espessa.

Esvaziemos lentamente os copos
no calor do bar do Beto,
vendo a canção dançar na mesa
como jovem bailarina ou tigresa,
e todos ficarão atônitos diante da palavra do poeta,
e lembraremos Quintana e sua sombra de Anjo,
e lembraremos Heitor Saldanha e os ácidos círculos
    das minas,

e lembraremos Guilhermino Cesar e sua poesia de
mineiridade,
e lembraremos de Carlos Carvalho e suas histórias,
e de seu riso de menino confiante,
e todos sentarão à nossa mesa
e brindarão conosco a alegria da amizade e da poesia.
A nossa mesa, poeta, nunca estará vazia,
enquanto existirem a memória e a poesia.

NA PREFEITURA VELHA

Para Tarso Genro

Porto Alegre sábados à tarde
enche-se toda do rumor de asas,
pombos que da Prefeitura Velha
revoam nos ares em debandada.

Nessa tarde de outono inaugural,
há meninos a brincar nas praças,
velhos funcionários em conversa
deixam-se ficar frente à Alfândega.

Namorados andam de mãos dadas,
olham os cartazes do cinema,
move um filme mudo nos seus olhos.

E no Guaíba, aos poucos, se ilumina
uma multidão sem fim de estrelas:
a noite bela e fria do Rio Grande.

ROUBO NA PRAÇA DA ALFÂNDEGA

Roubaram o livro das mãos
de Carlos Drummond de Andrade,
roubaram o livro
mas não roubaram a poesia
– Quintana, sentado ao lado,
em silêncio ouvia.

O livro foi roubado na Praça da Alfândega,
foi de noite ou foi de dia?
Roubaram o livro de cobre
– venderam por alguns cobres –
mas não alienaram a poesia.

Roubaram das mãos do poeta
o livro que lia,
mas a poesia não foi roubada,
já faz morada na praça,
já incorporou Drummond e Quintana
em cobre e palavra sentida,
em dobre e palavra lida,
das mãos de Xico Stockinger vertida,
não roubaram a poesia.

MARIO BENEDETTI

Fomos muito avaros
durante a tua vida,
Dom Mario,
pouco falamos
de tuas alegrias,
das flores que colheste
no exílio.

Agora, com a tua morte,
todos, repentinamente,
nos demos conta
de tua proximidade,
ali, tão perto,
no poema, no conto,
na novela,
no porto de Montevidéu,
tão próximo para o abraço,
o e-mail, o ensaio,
a notícia de jornal
falando da tua vida,
mas não dissemos nada
enquanto estavas vivo.

Tua poesia de puro coração uruguaio
e americano vibrava
em nós,
mas calávamos,
talvez pensando que fosses eterno.
Um gigante da poesia

feito de pés apoiados no mundo,
nas margens dos rios, nas coxilhas,
nos vales, nas cidades, nas ruas,
nas lutas do povo,
e na alegria de cada dia
"Como pedrinhas batendo na janela".

A CADA DIA

Para Élvio Vargas

Vamos morrendo um pouco a cada dia,
mas a cada dia vamos vivendo um pouco mais,
e o nosso sangue a bater em nossas veias
é um mar primordial que se derrama na praia
e nos alimenta com seus sons e seus sais.

Quando caminho na estrada ou quando amo,
sinto o meu coração bater forte no peito,
como um pássaro no ninho, ou um rio no leito,
feito um mar de vinho ou de leite.

Não me importa morrer dessa maneira,
pensando que a vida vale sempre a pena,
vivendo em cada minuto a vida inteira,
vivendo a vida inteira em cada minuto.

Viver a vida num ritmo absoluto,
sabendo que a vida é alegria e luto.

Viver sabendo que a vida se esvai
faz de cada um de nós um ser especial,
e não importa se de noite um corvo
na nossa sala nos diz nunca mais.

Vamos morrendo um pouco a cada dia,
mas a cada dia vamos vivendo um pouco mais.

POR INTEIRO

O tempo passou
e nem demos por isso,
amigos que se foram
sem aviso;
alguns momentos inesquecíveis
na areia junto ao mar:
o teu corpo, teu corpo de sereia,
onde andará?

(Aquele beijo
no meio
do carnaval,
girando
o amor possível,
ao alcance da mão.)

Algumas canções,
poemas,
um ir e vir incessante
entre o nascer
e o sol se pôr.

Memórias de um tempo breve,
que o vento leve sopra
como folhas do quintal,
imagens minhas que levo
dentro do peito
até o momento derradeiro.

Nada foi inútil,
se vivi por inteiro.

AOS QUE VIEREM DEPOIS DE NÓS

O que pensarão de nós
os que vierem depois de nós,
os que nos virem nas velhas fotografias
com nossas roupas coloridas,
com nossos risos ridículos,
com nossas utopias ridículas?

O que pensarão de nós os que nos virem na beira da praia
nas férias de verão em Tramandaí?,
ou envergando fantasias de carnaval,
ou vestidos de gala nos antigos bailes de debutantes,
ou uniforme de soldado ou guerrilheiro,
ou com roupas de *hippie* ou mochileiro?

O que pensarão de nós os que nos virem tão empolgados
nos comícios,
tão entregues à luta pela democracia e pelos direitos humanos,
tão engajados em querer que a pobreza não mais existisse,
tão apaixonados em tentar impedir que as florestas
fossem queimadas,
tão mergulhados no mundo que nem nos dávamos conta
de que estávamos envolvidos na luta do dia a dia?

O que pensarão de nós
os que vierem depois de nós,
quando o mundo for melhor,
quando a vida for muito diferente,
quando a felicidade for para toda a gente,
quando todos forem iguais naturalmente,
quando não existir mais guerra, nem ódio, nem rancor,
quando a própria morte tiver sido vencida
(ou deixada para bem depois).
O que pensarão eles,
diante de nossos amuletos,
das nossas boinas Che Guevara,
das nossas bolsas andinas,
das nossas flautas e palavras de ordem?

Daqui a cem anos
(o mundo continuará existindo, sim, senhor!),
alguém se debruçará sobre os nossos sonhos,
e nos verá risonhos, entregues à vida,
e nos encontrará, na energia cósmica do último livro
    eletrônico,
e dirá que a vida deve ter valido a pena naquele tempo
    antigo,
que eles não amaram e lutaram em vão,
(que nós não amamos nem lutamos em vão.)

Pensando em tudo o que gozamos e sofremos,
folheando as nossas velhas fotografias desbotadas,
alguém, no século XXII, deixará cair uma lágrima,

e pensará que aqueles homens e mulheres,
na aparência ridículos,
e presos a ideias antigas e impetuosas,
que defendiam as baleias e os golfinhos,
e que lutavam para manter a vida no planeta,
não viveram e morreram em vão.

PAULO ROBERTO DO CARMO

MOVIMENTO DOS MOINHOS ASCENDENTES

PAULO ROBERTO DO CARMO nasceu em Porto Alegre, em 1941. É professor, educador e tradutor. Tem participado de diversas antologias coletivas. Recebeu o Prêmio Nacional de Poesia Alphonsus de Guimaraens da Fundação Biblioteca Nacional e foi finalista do Prêmio Açorianos de Porto Alegre. Tem no seu currículo literário um dos livros seminais da épica dos anos 60, *Crisbal o guerreiro*, Editora Champagnat, 1966 – com autores como Carlos Nejar –, *Livro de Silbion*, 1960, *José Santiago Naud* e *O centauro e a lua*, 1964. É autor de vários livros, sendo os últimos: *Estação de força*, IEL/Movimento, Porto Alegre, 1987; *Breviário da Insolência*, Massao/Ono, São Paulo, 1990; *O livro dos preceitos*, Nejarin, ES, 1993; *Os códigos da alegria*, Território das artes, Porto Alegre, 2011; *Arte de Outrar-se*, Território das Artes, Porto Alegre, 2011; *Dos dias comuns*, Território das Artes, 2011. Publicou, entre outros, na área da Educação: *A revolução das aprendências*, com Vilmar Figueiredo de Souza, Unisinos, São Leopoldo, 2000.

FOME

Noite, amanhece em mim, noite,
e faz do sonho um dia afoito.

Fome, debanda de mim, fome,
e faz do homem um sonho louco

no golpear dos punhais, até o cabo,
no calar da agonia, dai-me sede

o doer animal, a ferida aberta
que nos encilha no lombo da treva

pela boca, pelos olhos, pela terra
sempre vens, noite, e me queima a fome

sempre vens, fome, e me cega a noite
sem que eu te chame fera e coice

sombra mendiga de mim, fome
anjo maldito de mim, noite

sempre vens nos rastros do lucro
saindo do lixo de todas as coisas

das árvores, dos bichos, do vento
sempre vens, fome e sangue e noite

sem que eu te chame de mais-valia
por tudo, pelos famintos, pelos noctâmbulos

onde o logro é culpa só minha e sina
e máscara que me cala em qualquer ilha.

Não há mais tempo para me salvar nem
matar-me de faca e tiro eu ousaria.

Não há lugar para a casa, as palavras –
cheias estão as bilhas de medo, e da carniça

do amor os abutres comeram a alma,
a alma que se ia plantar ao deus-dará

pela mão dos outros, pelo sonho dos outros
pela esperança dos outros engolimos

o desprezo até onde podemos suportar.
Pelos rios de sangue corre a aurora, e o medo

há de nos abrir os olhos sem ódio ao sol.
A dor há de nos purgar quanto mais resistirmos

e tece o orgulho a manhã em cada dia de fome
e ousa, ousa quando a hora bater, mesmo antes,

por tudo, pela noite, pelo sangue, pela covardia:
que a raiva dos deuses caia sobre todos,

a Vida é ninguém, ninguém – não sabe calar!
Sombra mendiga de mim, noite,
besta corcunda de crimes, fome,

anjo caído dos pélagos, noite,
touro a escarvar o estômago, fome,

e venta a dor até a hora chegar,
morte-cachorra, morrer mais não podes.

Se não tu, fome, quem há de acordar
a aldeia, mudar o rumo das estrelas?

Quando os olhos insones da fome
olharem nos teus olhos, de suas caras

rudes, quem, senão tu, haverá de dizer
que a vida transgredida ainda é possível

quando a hora chegar, e mesmo antes?
A Vida é alguém, alguém – e não sabe calar!

MOVIMENTO DOS MOINHOS ASCENDENTES

Nada no mundo está determinado. De tudo sofrer,
é que te alegrarás; de tudo esperar, é que acharás;
de tudo suportar, é que libertarás das manhãs
que se levantam de ti, o fervor mais alto, o que há
de resgatar a perda – e com ela, nova paixão.
Saberás que em ti a semente não é a flor,
mas a razão da flor, a mesma razão que alimenta
os pássaros no fervor das manhãs; que o homem
não é dor, mas passagem dessa dor precária
que o arrasta de roldão, dos limiares para a felicidade.
Saberás que em ti a flor é razão do fruto.

De tudo duvidarás com a alegria desafiante
de quem nada exclui, pois é na terra fértil
das dúvidas que termina a dúvida primeira
das últimas verdades, e que só podes agarrar
depois que passam. E quem pode dizer em que grau
arde, arde bem pouco no óleo das horas.

Sofrer mais do que se pode suportar
é aprender a humilhar a dor até solver-se
a carne na carne, clarear-se o escuro na luz,
e exausta a dor, libertar-se no espírito.
Lutando saberás que não há derrota possível,
nem temerás a coragem que espera em ti, e grita
e alumia sobre o que é e o que há de ser, o gozo
depois da grande dor, a alegria em rebentos de sol,

pois tudo passa, e dentro de tudo a alma em flor
é tua casa, respira em ti, e canta num só cálice a Vida.
Nada deixes calar, nem o anjo e seu fervor, nem a palavra.

DA MATÉRIA

De que matéria é feito o desejo,
do acicate de um demônio nas ilhargas
ali onde espreita um chacal a salivar de fome?

De que matéria é feita a paixão,
das larvas que depositam os ovos
no lenho da cruz de um narciso que pensa que é deus?

De que matéria é feita a saudade,
do leite de uma hiena que se ordenha
para alimentar a memória das culpas?

De que matéria é feita a morte,
do mesmo êxtase em que se putrefazem
o tigre e a flor, os deuses, o rei e o anjo?

DE TUDO HEI DE PEDIR CONTA

De tudo hei de pedir conta
dos rumos no sextante
do medo nos desvãos
do tédio no horizonte.

De tudo hei de pedir conta
do orgulho, das culpas
da cal viva do desejo
dos óleos ferventes do ódio
do exílio no vazio
do fogo, da água
dos loucos, dos defuntos.

De tudo hei de pedir conta
limei a esperança
o sonho, os punhos.
Só das minhas palavras
não dou conta.

EIS A VIDA

Eis a vida, os pressentidos
da alegria, tudo o que se emprenha,
o pão, o cheiro do café,
a inocência do futuro,
as manhãs boas, as tardes néscias:
e que a vida se alforrie
de tantas fomes, de tantas mortes,
de rir depois das cicatrizes
antes de o sol se pôr
à demência da noite
e se reconcilie com as vinhas
da palavra, ébria na sinfonia dos ventos,
na cizânia do corpo e da alma
como duas metades da mesma laranja
que se libertam, e respiram pelo fogo
e pelo ar, pela seiva que espuma
da lenha a arder, pelas cinzas,
pelas sementes que voam nas painas.
É quando as falas contidas do desejo,
e enfunadas no peito, sob os tambores,
se desfraldam por um sonho conquistado.
É quando tua loucura começa a ser feliz
pela vez primeira, e a vida está fora
de ti. É quando aprendes que a fome
que te sustenta é pão e destino
de teus inúmeros espíritos,
e anda, a fome, em alvoroço e descalça,
sobre as águas de tua alma.

COMO MORRE UM HOMEM

Que ninguém pergunte ao vento
como morre um homem.

De ofendido morre um homem
quando do peito perde a palavra
e mais não há por ele o que lutar
e mais não há por nós o que gritar.
Somos esta longa morte
que não cessa de nos assassinar.

Quando cala, morre um homem,
giboso entre o vinho do rei e o bobo,
premonição cega de sonhos indigentes.

Morre um homem quando perde o nome
e tomba sobre ele o silêncio duma paixão
a salgar o cadáver de seu último desejo.
Morre um homem quando morre o revide
feito despojo para a gula das aves de rapina.

CHÃO DE CRIMES

A cavalgar por este chão de crimes,
eu toco a mola dos dias,
e o sonho é meu servo.
Aprendo a arte de revidar.

Sonhar pouco
é coisa de homens
sonhar muito
é digno dos deuses
o mal revidado
e o bem a engravidar-se
do sonho de outro bem
que nasce e vive
e dança e canta
que cria e faz
o impossível dos possíveis
e morre
é tarefa de homens.

Pelos deuses famintos
e contra eles fabrico
adaga e sabre
de meus próprios ossos,
e ainda que eles me espremam
devagar nos lagares,
com pés de ferro,
esganando a minha voz,
até o coração sangrar

calando sob as cangas,
eu não os saciarei!

O quase impossível
de o homem realizar
é só quase.
Com os relâmpagos,
tiro o visível do invisível.

O DEUS QUE MANDA

Que deus
me manda que o ame
e rema o meu remo
e viva ao sol
e durma à noite
e sonhe vez e outra?

Que deus
me manda fazer
isto ou aquilo
como se um outro
em meu nome o fizesse
e por força ou amor
os frutos colhesse
e os proibisse de comer?

Que deus
me manda voar
com uma asa quebrada
– eu que perdi a fé
e a vergonha, e sem conta
tanto tempo gastei
que destruí todas as perguntas
e respondo com mentiras
à indiferença dos outros?
Que deus
me manda a mim,
pecador,
pagar pelos outros...

os que vivem sem necessidade
a roçar a morte
por tantas horas desvividas
e que me desdenham,
tão criminosos quanto eu?

Que deus
me manda conhecer
o amor e a dor,
mudar o mundo
e por ti construir
as primeiras possibilidades
de ser justo e sábio
e demasiado alegre e carnal –
sem ser feliz?

LIVRO DE PRECEITOS – 1

Como pode um homem gritar, se o deus dorme,
e dorme o mundo, e tudo dorme em tudo?
Quem há de acordar primeiro,
arrombar a boca dos que calam,
e se consolam na dor?
Se assolar, Deus pode; revidar pode o homem.

Entre o homem que colhe
e o que semeia
há um homem que sonha.

Não esperes, a roer as unhas do tempo:
omitir-se de algum bem é engolir o mal,
o mesmo que desfazer é não fazer.
Se até os anjos desobedecem, não finjas
que não sabes, propinando a alma.

O DESTINO

Se ateia como chama
no interior da hora compartida.
De tudo é capaz o homem,
se for um sonho só:
um sonho solidário.

O fogo que existe em ti, à cinza há de tornar.
mesmo que te enraízes no futuro,
o presente que vibra de ti,
ao passado há de regressar.
Ainda que te entranhes no escuro,
a palavra que existe em ti,
outra palavra há de calar.
Mesmo que te enterres no sonho,
a dor que geme de ti, outra dor há de acordar.
Ainda que te semeies ao vento,
a hora que colhes de ti, o tempo há de velar.

Antes que os bárbaros cheguem
quando morto estiver o desejo
nuns vergões do corpo
amontoado de pedras –
quando morto estiver o tigre
nuns vaus do espírito
amontoado de esperas –
quando morto estiver o sonho
numas eivas da carne,
amontoado de humilhações –
e até eu me livrar do vexame que não sou

(em bandos abraçar-me profanado e liberto
por meus braços e pelos do mundo também)
inda há de restar de forte o amor antes da morte,
um não sei quê a roçar o peito de alegria,
uma súbita invasão de crianças
e quem sabe... por tanto andar o tempo
tudo o que não se perde de eternidade:
os besouros, os grilos, os olhos de um imbecil,
o nariz arrebitado das palavras
a esgueirar-se pelas lucernas de sol, o riso
duns rebentos em renovos se entretecendo
à sombra de tudo que é corpo e breve duração
como bela era a flor e bom o cavalo
na extinta estação dos poetas e das rosas.

Quando morto estiver o povo –
os tigres castrados,
quando morto estiver o corpo –
as palavras supuradas,
quando morto estiver o gozo –
as culpas mendicantes,
um menino ainda há de bater
um tambor obstinado
antes que os bárbaros cheguem
como um sonho bate palmas
por teu nome a clamar em coro
o povo, o corpo, o gozo
ente clarins convocatórios
antes que os bárbaros cheguem
por vias de sangue, por vias de armas

e esta mão pousada no teu coração
risque um fósforo,
o primeiro instinto da noite.

E quando plantas a rosa da manhã,
a rosa de ti em mim entre vento e febre
sendo eu bem eu pela vez primeira
criando forma e alma e espírito
e não sombra penada de outro
antes que os bárbaros cheguem
que não são outros senão eu mesmo fora de mim
a mentir o nome, a engolir o grito.
E como saber quem sou eu, criar a vida
prometida, vida que ainda não salta
pela boca, vida que se infecta pelas
babas da loucura e faz falar o mudo,
ouvir o surdo em mim, o cego enxergar?
Que os dentes dancem de tanto morder,
dancem, dancem, a procurar destinos, sentidos
por tuas escadas em curvas, subir, descer,
antes que os bárbaros cheguem e levem
os testemunhos da infância até Troia.

Agora que sepultamos a Esperança,
podemos recomeçar, cantar a dor que está partindo
do corpo para os sentidos, o poema a vazar dos poros,
da cruz para as conjuras da manhã
até o baile da noite, quando a alegria
estará tão perto da alma quanto os olhos
do coração, antes que os bárbaros cheguem.

SELVINO HECK

UM TREM E UM VERSO PARADOS NO AR

SELVINO HECK nasceu em Santa Emília, Venâncio Aires, em 1951. Filho de pequenos agricultores, falou somente alemão até os sete anos de idade. Estudou na escola São Luís desta cidade. Ex-frade franciscano, desenvolveu a arte da escrita no Seminário de Taquari. Foi dirigente partidário, educador popular e deputado estadual constituinte do Estado do Rio Grande do Sul. Trabalha com movimentos sociais e educação popular na Secretaria Geral da Presidência da República. Participou das antologias *Em Mãos*, Lume Editora, Porto Alegre, 1976; *Antologia do Sul*, organizada por Dilan Camargo, Assembleia Legislativa do RS, Porto Alegre, 2001; *Em Mãos II*, WS Editora, Porto Alegre, 2002. Escreve crônicas e ensaios sociais para revistas e jornais, entre eles: "*Ética e política, Mística e política, Ser dirigente partidário*", Assembleia Legislativa, Porto Alegre, 1989; "A cidadania e a questão de governo", *Cadernos de Debates Sobre Movimentos Sociais*, CAMP, 2001; "Educação cidadã, um desafio para a educação popular, e comitês gestores: democratização do Estado, da sociedade e do poder local", Fundação Perseu Abramo, 2004; "O pão, a palavra, o projeto", em *Como Promover o Desenvolvimento Local*, Fundação Perseu Abramo, 2010; "Saciar a sede de beleza", *Fome Zero, uma História brasileira*", Fundação Banco do Brasil e Ministério do Desenvolvimento Social, 2010.

UM TREM E UM VERSO PARADOS NO AR

I

As coisas se formam no mundo
Feito plantas onde domina o verde.

De repente, irrompe um susto no asfalto,
Quando os passos caminhavam tranquilos.

O impacto da corrente machuca pessoas,
Caminheiros e peregrinos.

Um trem e um verso parados no ar interrompem o
processo.
Ninguém sabe onde o bicho vai dar.

II

Quero o poema chicote na cara,
Como se o vento açoitasse os fios de cabelo
E cortasse as veias do corpo e do tempo.

A palavra é coice de cavalo no meio das pernas,
Crise de consciência,
Noite sem estrelas.

Não há concessões
Ou válvulas de escape.

É preciso sangrar até morrer.

OS MESTRES DA LÍNGUA

A vida é dona da palavra.
Sílabas são mortíferas,
Facas cortando a ilusão pela metade.

Som saído das árvores
Não é o do vento.
Nem a tempestade ruge igual à chuva de outono.

Você fala e muitos não entendem.
Outros tantos contribuem com a letra na mão
E o chute no pé.

É como se a vida falasse ao recrudescer do tempo
E a escuta fosse providencial.
São mestres do sentido,
Companheiros da ideia.

As vozes assumem o encantamento e a transparência,
Sem máscaras ou disfarces.

VIDA E MORTE

Eu vi a dor e o amor nos seus olhos.
Não doíam,
Não piscavam,
Não transgrediam as leis e os sacramentos.
Pediam pelo amor de Deus
Que o sangue parasse de correr,
As mãos se entrelaçassem
Num gesto de perdão e misericórdia.

Sequer era o fim do mundo
Ou o sinal dos tempos.
Faziam parte apenas de uma guerra perdida
Sem rivais ou irmãos.

ENRIQUECIMENTO ILÍCITO

Quando a política econômica
Deixa o céu encoberto com cara de chuva,
É hora de desconfiar da matemática.

O pão periga estar duro
E sujo de sangue operário.
Ou as mãos enroladas no dinheiro e na graxa
Machucam as peças de sobrevivência.

Cada dia,
O Senhor do tempo confere
Ordem à inflação e aos juros.
Mas nada garante no baixo dos porões e das escadas
Nem esperança nas vielas escuras
Do tráfico de drogas.
Ouvem-se os tiros dos bancos
E das matracas encostadas nos cofres
Sem transcendência.

Mortes de crianças sofrem anúncios
De anjos de encomenda.
Os trabalhadores não aplaudem as razões e os números.
Enfiam rostos e sobretudos nas minas de carvão
Dos carros e sapatos,
Fábricas de mercadorias sem consumidor.

A ÁGUA E O RISO

O poder disseminou-se debaixo das mesas,
Por cima das janelas,
Nos cantos dos quartos,
Nos corredores das favelas.

Se as vozes não cantam,
Os palácios corrompem as ideias.
Sonhos resistem
Quando a poeira crítica vasculha antros,
Recantos da burocracia e do aparelho de escuta.

Chamas prendem os fatos.
Casos dobram-se ou não ao fluxo da história.

O poder acampa na abrangência iluminada
Da prática e do pensamento.

INVENTÁRIO DA PAIXÃO

Minha solidão vence a tua.
Estou sóbrio no meu quarto
Ouvindo música de igreja,
Os pés enrolados em folha de jornal
E notícias do dia.
O torpor da noite acalenta o silêncio,
A não palavra:
Um gesto, um carinho,
Mesmo involuntários,
Poderiam dobrar o coração de pedra.
O espaço é restrito na pele.
A cachaça é má companheira de viagem.
Desconsola a casa fechada
E as malas formadas de frases
Sem ouvido ou rosto.
Uma lágrima, caso rolasse,
Apenas seria um rastro de frieza sem retorno.
Os casos de morte na sexta-feira afetam o cansaço
E a capacidade de ver metade da missa pegar fogo.
Impressões e comentários de um dia descolado de final
    de inverno,
Sem primavera.

AUTORRETRATO

Cara dura de alemão,
Estilo rústico de frade,
Político pobre,
O ser humano, aquele,
Caminhava entre velas e pardais.

Não aparentava ser habitante
Do planeta terra
Nem se parecia com o comum dos mortais.

Ingressara na torre do poder
Com as mãos para trás,
Calças sem bolsos,
Sandálias cerzidas
Com couro de camelo.
Não lhe estenderam tapetes,
Não alcançaram vinténs
Ou ventos de romaria.

Estava seco de gritar
O nome de santos e justos,
Proclamar a verdade
Em praça pública.

O sacrifício e o sacrificado misturaram-se
Na fogueira sem vaidade.

Hora de partir, dizer adeus ao trono,
Soltar a palavra
E o corisco de vento em pânico.
Até a garganta estourar os miolos e o juízo.

ESPERANÇA E MEDO

A porta está trancada por dentro e por fora.
Atrás, bem atrás, no fundo do corredor,
Um cachorro feroz cuida do trânsito e da circunferência da praça.
Os caminhos se fecharam ao vento norte.
No horizonte,
Atravessadores comparecem com bodoques de fogo.

Falta chamar o guarda armado
E seus lobos de estimação.

O olhar pousado no chão faz parte
Da novidade do mundo.
O passado não é estranho ao meio ambiente
E à circunstância.
Há sombras saltando de montes, enseadas e colinas.

Limites, aprisionados, são pedras ásperas de consumo.

Cada qual faz o que dá vontade.
Quase todos acreditam na mudança do vento.

DO CONTINENTE

Câmbios não são automáticos.
Estradas, propriedades, dores,
Os minuanos revolucionam as esquinas do mundo.

Precisam de estímulos
E iniciativas locais/regionais,
Dia por dia,
Noite pós noite.

A chama bruxuleia solitária.
Descreve o silêncio
Com rebeldia.

O caminho arde.

REINVENÇÃO

A chave do cofre está no bolso do Ministro da Fazenda.
Os guardados são abertos às escondidas,
Sempre depois de amanhã,
Quando as necessidades já viajaram
Ou perderam o trem da história.

Há exceções.
Um olhar poderoso produz faíscas de medo
E magicamente move a mão.

O cofre faz festa com convidados especiais,
Banqueiros e afins.
Cumpre sua sina,
Seu destino, sua s(m)orte.

DESESPERADAMENTE

O ônibus para na porta do palacete do mendigo.
Abre-se a matraca da vez em perseguição ao medo.
Todos pensam serem ladrões ou marginais.

Gatos e lebres comem migalhas
Ou são devorados pelos leões.
Há um instante de perplexidade.
Os barracos não escondem armadilhas e simulações.
São espaço do povo,
Buraco de sobrevivência.
A lona é disfarce e trincheira.
Dentro, o perigo não habita.
Moram a aridez e a insegurança,
As privações e o desconforto.

Moram pessoas sem liberdade.

Moram homens e mulheres,
Jovens e crianças,
Bebês e terceira idade,
Virgens e mendigos.

Mora a vida sem futuro.

PROFECIAS DA PRIMAVERA

O silêncio do continente fazia medo.
Não mais.
As paredes eram estruturas desencarnadas
Onde o punho batia em vão e no vazio.

Agora, há um susto com cheiro e gosto de brisa
Pairando na boca e no ar.

Tempestades são campos de batalha,
Ventos atropelam cuidados,
Sombras param de tossir.

As gentes arrombaram portas de aço,
Subiram montanhas de gelo,
Assumiram o risco de voar.

Calmas, e ansiosas,
As vozes cantam o futuro
Com sopros de luz e glória.
Onde o horizonte não alcança,
Há uma trilha, um caminho de rapel
Por onde passeiam a esperança
E a dignidade.

Alguém profetiza
Se ad aeternum?

SE

Se
Cada habitante dos tempos modernos
Escutasse a voz das cavernas,
O silêncio bateria contra a parede.

Se
Cada morador de rua espalmasse a mão,
Os templos ficariam vazios de orações e gemidos.

Se
Cada varredor de nuvens tomasse pingos de chuva no nariz,
Não haveria segredos de chinelo e de Estado.

Se
Cada batedor de carteiras olhasse os documentos
E devolvesse a voz aos donos,
O caminho libertaria as ondas de espuma.

E cairia neve do planeta como algodão no meio de cristais.

A LUA NO FIM DO TÚNEL

I

Nos campos revezam-se girassóis
E pinheiros verde-azulados.
Cânticos de aventureiros cortam árvores,
Buzinas de automóveis badalam sinos e ouvidos.

II

Animadores de auditório
Ocupam espaço
Nas fábricas e nas ruas.

III

O construtor do processo articula o pensamento
Na roda de chimarrão.
A ideia passeia de mão em mão.

Na Esplanada rodopiam palavras de ordem
E camadas de oxigênio.

IV

Acendedores de lampião
E iluminadores de gás
Acendem as luzes.
As pedras da estrada ganham brilhos,
Contornos e vínculos.

As margens têm sinais de trânsito
E valetas de contenção.

V

A afinação dos instrumentos permite à orquestra
Um som matinal de cores e paisagens.

VI

Feridas são cartas de sofrimento.
A cura do doente ultrapassa os estádios de futebol
E a arquibancada.

VII

A alegria do povo consagra a multidão,
O treinador e o presidente:
Gols,
Jogadas de efeito,
Lances de calcanhar,
Saudações da torcida.

VIII

Fios de luz cortam as grades,
Iluminam à farta o ambiente,
Os corpos, as redes.

A lua transluz
O túnel verde.

PALAVRAS

Pra Juliana

Palavras são tiros.
Furam o peito,
Encharcam a alma,
Atravessam o silêncio
Igual fio de luz em corrente contínua
Ou desencapado.

Palavras são flechas.
Quando acertam o coração,
Tonteiam,
Ou de dor ou de prazer.

Não se flerta impunemente
Com as palavras e seu sentido.
Não se as deixa ao relento,
Descuidadas, soltas, desinformadas.
Elas merecem carinho e água,
Pão espadas e terremotos,
Cascos e vida.

E flores,
Sorrisos e ternura.

Os casebres são tortos e vazios
Quando carentes de luz.
Palavras são batatas quentes
Se largadas ao vento.

Palavras incomodam,
Palavras seduzem,
Palavras mordem.
Palavras são vermes e brilho,
Espinhos e pedras,
Canoas e picadas,
Árvores e rios,
Anéis e continentes.

Palavras são oceanos,
Espadas e terremotos,
Cascos e vida.

TARSO GENRO

DEPÓSITO DO TEMPO

TARSO GENRO nasceu em São Borja, em 1947. Formou-se em Direito na Universidade de Santa Maria. É advogado trabalhista. Foi vereador, deputado, prefeito de Porto Alegre, ministro da Educação, ministro da Justiça e é governador do Estado do Rio Grande do Sul. Iniciou sua carreira literária publicando os livros de poemas: *Acorda palavra*, Editora Pallotti, Santa Maria, 1968; *Lua em pés de barro*, IEL/Editora Bels, Porto Alegre, 1977; e exerceu a crítica literária no jornal *Correio do Povo*, de 1972 a 1987, tendo publicado *Literatura e ideologia*, Editora Criar, Curitiba, 1982. Participou da antologia *Seis poetas gaúchos*, Assembleia Legislativa do RS, 1976. Escreveu as apresentações das antologias *Em mãos I* e *II*. Publicou mais de dezessete livros na área do Direito, da Política e da Sociologia, entre eles: *Introdução à crítica do Direito do Trabalho*, L&PM, Porto Alegre, 1979; *Lênin – Coração e Mentes*, Editora Tchê, Porto Alegre, 1985; *Crise da democracia – Direito, democracia direta e neoliberalismo na ordem global*, Editora Vozes, Rio de Janeiro, 2002; *Esquerda em processo*, Editora Vozes, Rio de Janeiro, 2004; *O mundo real – socialismo na era pós-neoliberal* (com outros autores), L&PM, Porto Alegre, 2008. Foi participante do Grupo Vereda e fundador da Associação Gaúcha de Escritores.

DEPÓSITO DO TEMPO

I

Sentimento de zelo e de distância
como se a memória pouco ardesse
mas subitamente sentida como um dardo
cravejasse de brilhos uma estrela.

Impulso alvear de lucidez
perdido em nostalgia e em desgosto
agulha impertinente e imprevista
renascida numa história amargurada.

Eis o personagem da odisseia
morta / rediviva / ensandecida /
que deixa no espaço dois gemidos:
um de espanto – sabedoria já madura
outro triste – retirado dos sonhos já vencidos.

II

O que morre, o amor não é
é o desejo satisfeito como poeira
solar ou estelar.
(Só sei que é muita luz
de repente silenciada.)

Só o que vive aliás é ele
qual pantera enclausurada
pronta para saciar-se no sangue disponível.

Não é o amor que morre
é o seu gesto calibrado
pelo desejo insatisfeito.

É o seu gozo perpétuo / congelado
depois do olhar antes do medo
quando tudo reverbera e não começa
na mesma dor já compreendida.

Só o que vive aliás é ele
nas mil formas
que só ele se compõe.
Depois do amor antes do medo.

III

Eu por inteiro já hesito
entre o exílio voluntário que me trai
e o calor singelo do presente.

Eu por inteiro já esqueço
o mormaço da infância luminosa
o jogo lunar esmaecido
derramado no pampa do meu medo.

(O fogo do presente eliminou
uma vida inteira e seu cenário
só permanece o antes – muito antes –
e o futuro imediato já previsto.)

Retomar a vida inteira já vivida
transpassada pelo antes e o agora
é de fato compor a melodia
que sabe a vida inteira concebida
agora como gesto e harmonia.

IV

Sentimento de zelo e de distância
como se a memória pouco ardesse
mas subitamente como um dardo
cravejasse de brilhos uma estrela.

O que morre, o amor não é
é o desejo satisfeito como poeira
solar ou estelar.
(Só sei que é muita luz
de repente silenciada.)

Eu por inteiro já hesito
entre o exílio voluntário que me trai
e o calor singelo do presente.

Pelo gosto de um final que me comove
sem ritmo / sem gesto / sem vitória
num mundo apascentado pelo nada
(nele só resta em retirada
uma aurora faiscante e clandestina).

V

Quem concebe o tempo não sou eu
nem concedo o espaço já fruído:
o cansaço medular me põe em guarda
e arquiva na memória o desencanto.

O cais imóvel que me encontro
o céu encoberto que me zela
a memória virtual já descarnada
tudo abriga a poesia compreendida.

Primeira foi no rio paralisado
foi no peixe dourado pela tarde
foi no grilo cintilante da manhã
enfermiço do crepúsculo de ontem.

Mas quem o concebe não sou eu.

Ele entra nos meus olhos e delira
desfila ternura e torturas:
ela crava nos meus pés e paralisa.

Quem concebe o tempo não sou eu.

És tu que retomas todo o tempo
em cada frase simples concebida
                                        és tu
com palavras laminadas
lancinantes promessas do passado
que contém sempre a vida inteira.

VI

Suspensa a vida inteira numa esquina
maresias / ostras / pescadores
a distância dupla que nos mede
do meu gesto ao teu que se dilui.

A vida inteira fixada numa esquina
vinhos / sortilégios / poesia
a impossibilidade que nos mede
do meu desejo ao teu incompreendido.

A noite cai no mar e nos faróis,
somos náufragos de uma lua recusada
somos dois destinos impossíveis
pelo tempo / pela história / pela escassa
alegria que nos move.

Pelo gosto de um final que me comove
sem ritmo / sem gosto / sem vitória
num mundo apascentado pelo nada
(nele só resta em retirada
uma aurora faiscante e clandestina).

Fruir a vida como luz num pote reservada
fruí-la como sexo demorado e fantasioso
– como gosto íntimo do corpo
– como desejo mutilado pelo afeto.

VII

Estou no limite do teu corpo
tomo teu seio como imagem:
a palavra é um crime planejado
capaz de equilibrar uma saída.

Chove: a tarde cinza cai anestesiada.
O desejo desprende-se do sexo
e gira em febre
na noite siderada.

O teu gozo é esférico / histérico / blasfêmico
ácido e doce como um ventre
que teme luzes e palavras:
o desejo já é cúmplice do medo.

UMBERTO GUASPARI SUDBRACK

CANSAÇO

UMBERTO GUASPARI SUDBRACK nasceu em Porto Alegre, em 31 de julho de 1952. Cursou o primário no Curso Roque Gonzales, anexo ao Colégio Anchieta, o ginásio e o curso clássico no Colégio Estadual Júlio de Castilhos. Concluiu o curso de Direito na UFRGS e frequentou dois anos do curso de Letras da mesma Universidade. Estudou e lecionou francês. É especialista em Ciência Política pela UFRGS, em Ciências Criminais pela Universidade de Paris 2 e Doutor em Direito pela Universidade de Paris 1 (*Panthéon-Sorbonne*), onde defendeu a tese *O extermínio de meninos de rua no Brasil – um estudo de política criminal.* Militou no movimento estudantil. Foi advogado. Ingressou na magistratura, em 1984. Atualmente é desembargador, lotado na 12ª Câmara Cível e membro da Comissão de Direitos Humanos do Tribunal de Justiça do Estado do Rio Grande do Sul. Foi professor universitário nas disciplinas de Criminologia e Direito Penal. Foi palestrante na Escola Superior da Magistratura e leciona a cadeira de Direitos Humanos no Curso de Especialização em Segurança Pública da UFRGS. Quando estudante foi premiado em concursos literários em Porto Alegre e Santa Maria. Frequentou o Laboratório de Criatividade Literária da UFRGS. Publicou poemas em revistas e no "Caderno de Sábado", do *Correio do Povo.* Faz parte do Grupo Vereda, tendo participado das antologias *Policanto* (1975), *Em mãos*, Editora Lume, Porto Alegre (1976), *De corpo presente* (1979) e *Em mãos II*, WS Editora, Porto Alegre (2002).

PECADO

Crescido
se aprende

apreende

o porquê
do pecado

mas ele fica
na gente
culpa.

FAMÍLIA

Partida:
choro da mãe
conselho do pai
América:
melhor sorte

Joga-se trabalho e amor
na nova terra
venham também os irmãos
mudar a vida
mas haja certo cuidado:
boa pensão
alimento e
afeto

Rendoso o comércio
mas ingrato
os irmãos crescem
aquele quer mais dinheiro
um vai mal no negócio
outro morre de acidente
a família se reúne
mas logo vem a quebra.

AVÔ

Reencontro
meu avô
tomando um cálice
de vinho.

Digo-lhe algumas
palavras
em italiano
cuja pronúncia
ele corrige sorrindo

Vamos a Lucca
visitar os pais dele

Estarão trabalhando
no pequeno comércio
e ficarão surpresos
ao saber
que os netos
usam brasões
nas paredes
das casas.

CARTA E POEMA

Para Aline

Anoitece solidão
sobre o Sena
setembro é começo
de ausência

Ando lento
e lembro
longe a terra
e seu momento

Sou todo emoção
daí a carta
daí o poema.

GAÚCHO URBANO

Cresci sem campo
açude
cavalo
mas tive bicicleta
e o Guaíba

O centro da cidade
foi meu
soldado e ladrão:
metralhava o inimigo
na rua da Praia

Hoje vou
do escritório ao fórum
assustado
entre pastas, paletós
anéis de grau

Discretamente
planejo a fuga.

MENINO DE RUA

O menino
sorri
para o frango
assando gostoso

O frango
ri
do menino.

PENA

Na parede da cela
desenhou um coração
e escreveu no centro:
"amor de mãe"

Quando terminou a pena
a mãe tinha morrido.

TEMPO

Impossível ato:
laçar
o momento

Galopa
galopa
o tempo.

ESPERA

Aqui, o erro todo consiste em não ter feito.
Todo: na timidez que vacilou.
Ezra Pound, Canto 81, Fragmento

Grito contido
cautela
sou navio no estaleiro
preparo para não naufragar

Tenho pronto
o plano
e aguardo
e me guardo.

HOSPITAL

No quarto
em frente ao viaduto
dói o barulho

No quarto
em frente ao viaduto
dói
o medo
do não mais barulho.

EXERCÍCIO

Faço exercício
corpo e coisas
que levo dentro:
amor, ódio
a vontade de viver
com um sentido.

CANSAÇO

O cansaço antecipado e infinito.
Um cansaço de mundos
Para apanhar um elétrico.
Fernando Pessoa (Poesias de Álvaro de Campos), Adiamentos

Estou cansado
da perda
do ganho
da solidão
do sonho

cansei
de ver o êxito
da mediocridade
do carreirismo
da torpeza

De esperar a mudança
de ser sincero

Tenho o cansaço
da existência

Mas vivo

Insisto.

IMPRESSÃO:

GRÁFICA EDITORA Pallotti IMAGEM DE QUALIDADE

Santa Maria - RS - Fone/Fax: (55) 3220.4500
www.pallotti.com.br